Venecia

Emilio Castelar

Venecia

casimiro

casimiro [*casimoroa edulis*]

Extraído de *Recuerdos de Italia*
Imprenta de T. Fortanet, Madrid 1872 (Primera y parte) y 1876 (Segunda parte)

En cubierta: Antonio Reyna Manescau, *Vista de Venecia* (detalle), c. 1880
    Museo Carmen Thyssen, Málaga

ISBN: 978-84-19524-23-2
Depósito legal: M-1913-2024

Impreso en España

Índice

VENECIA

La noche avanzaba sobre nosotros en el momento en que atravesábamos la campiña de Padua dirigiéndonos a Venecia. El cielo estaba nublado, y a intervalos, entre los nubarrones, lucían algunos pedazos serenos, de extraordinaria limpidez, en los cuales nadaban las primeras estrellas de la tarde. Pero en el borde del horizonte, hacia la extremidad Norte, del lado de las montañas, las nubes relampagueaban, mientras en el otro borde, hacia la extremidad Sur, del lado del mar, franjas de púrpura formadas por los vapores del lago y los últimos destellos del día daban tinte cobrizo a los objetos, fantásticas apariencias a la naturaleza, como si la región que íbamos a visitar quisiese satisfacer todos nuestros deseos y premiar todos nuestros amores por ella, revelándose entre los misterios del más sublime de los crepúsculos. Sin embargo, mi impaciencia era infinita. Observaba que la vegetación se extinguía, que comenzaban canales desecados, llenos de lodo, sobre cuyos bordes crecían tristemente algunas plantas marinas; pero por más que sacaba de mi vagón la cabeza para mirar al punto final de nuestra carrera, no veía ni la soñada laguna ni la querida ciudad, como si huyeran a mi anhelo y se esquivaran a mi deseo. Tengo tal idea de la fragilidad de esa hermosa Venecia, combatida de continuo por los vientos y las aguas, que temía pudiera desaparecer antes de serme permitido verla, y se encerrara en la concha marina en que nació, como un milagro vivo de la historia humana.

Siempre recordaré el día en que por vez primera vi la Alhambra. Corrí a buscarla, sin guía, sin ningún compañero, deseando un coloquio a solas, como todos los coloquios de amor, con la maga del Oriente perdida en nuestras montañas. Yo atravesé una puerta que no recuerdo, porque apenas la advertí. Yo vi a la izquierda una magnífica fuente del Renacimiento, que no respondía en nada ni a mi deseo ni a mi idea. Yo me perdí en las soberbias alamedas mecidas por el viento matinal, iluminadas por el espléndido sol de Granada, que, deslizando a duras penas sus rayos entre el follaje, formaba en el suelo como un arabesco de luz y de sombras. Yo vi aquella magnífica puerta judiciaria, inclinada sobre una cuesta, y en cuya arquitectura el árabe, sin perder su gracia, ha tomado toda la solemnidad del gótico. Yo entré creyendo encontrar en pos de aquella puerta el palacio. No estaba; sólo vi una plaza de armas y un altar de la Edad Media ante el cual ardía una lámpara. En torno mío se desplegaba larga fila de torreones; en medio de la gran plaza un palacio del siglo decimosexto, bellísimo, pero en pugna con todo cuanto yo soñaba; y a lo lejos, sobre una colina sembrada de laureles, dibujaba sus miradores, semejantes a blancos minaretes, el oriental Generalife. Yo buscaba la Alhambra, el palacio, la mágica gruta de estalactitas empapada en los fuertes colores asiáticos, donde se extinguieron, como odaliscas, en el placer, a fines del siglo decimoquinto, los que vinieron como leones a la conquista a principios del siglo octavo. Pero ninguna de las numerosas puertas a que llamé era la puerta de la Alhambra. Temía que un genio, una hechicera, de las que la magia de la Edad Media ha dejado en los bosques, bien diferentes por cierto de las hermosísimas diosas con que los pobló la clásica antigüedad, hubiera robado en aquella misma noche la Alhambra, continuamente amenazada de muerte, para burlarse de mi anhelo. Nacemos y vivimos tan desgraciados, que nos parece mentira el cumplimiento de un deseo, mentira la realización de una esperanza, como si tristísima experiencia nos hubiera enseñado que solamente es en el mundo verdad el dolor.

Así, en aquel momento, yo dudaba de la proximidad de Venecia, o temía que Venecia hubiera desaparecido para mí. Al fin nos paramos en Mestres, a las puertas de la gran laguna veneciana. El aire nos trasmitía el eco de sus campanas, que tocaban el *Angelus*, y que nos recordaban la emoción sublime de Byron, cuando una tarde creyó ver al conjuro de esos mismos ecos, por los bordes del horizonte, deslizándose sobre las aguas, como las estrellas del cielo, a la Madre del Verbo, calzada por la luna, y con la misteriosa blanca paloma sobre su frente en aquella hora sublime de la oración y del amor. ¿Era verdad que iba a ver a Venecia? Cuántas veces, en las largas horas de las noches de invierno, para pasar la uniforme velada de los pueblos, mi madre, que amaba mucho las letras, me había contado misteriosas historias venecianas a la usanza de principios de siglo: la decapitación de Marino Faliero, el destierro del joven Foscari, el heroísmo inmortal de Dandolo, la salvaje pasión de Otelo, el esplendor de sus banquetes inmortalizados por Pablo Veronés, los desposorios del Dux con las aguas de los mares en la góndola recamada de brocados y movida por remos de oro, la tristeza infinita del último de sus magistrados, cuando se desmayó al firmar el protocolo que entregaba su patria al austriaco, por un criminal error de Napoleón; todas estas sencillas narraciones, medio históricas, medio legendarias, en que siempre se dibujaban algunos espías o algunos calabozos para inspirar el terror trágico; algunas sesiones del Consejo de los Diez para sostener el interés dramático; y alguna enseñanza moral para fortificar estas dos ideas a cuyo culto no renunciaré nunca: la libertad y la patria.

Después, levantándome por una de esas transiciones tan naturales a otros recuerdos, veía en mi mente la Venecia histórica; aquellos nobles hijos de la antigua civilización, sacerdotes de sus últimos lares, cortejo fúnebre de sus últimos días, que vencieron a la fatalidad, salvándose, en las inhabitables lagunas, de las irrupciones de Atila y sus feroces hunnos, para conservar en una ciudad misteriosa, única, anclada como hermosa nave a las puertas de Grecia, sus libertades clásicas, que los llevaron a luchar con las olas cuando la sociedad se perdía en los claustros; a extender el trabajo y el comercio como una redención cuando en los terrores del siglo décimo los brazos más fuertes caían desmayados aguardando el fin del mundo como una necesidad y el juicio universal como un castigo; y por último, a reunir y atesorar en sus muelles, en sus canales; en sus palacios cincelados por todos los prodigios de la escultura; en sus monumentos públicos, singulares por la majestad y por la belleza, decorados por una fiesta continua de colores y de matices; en sus trofeos de mármoles y bronces, los restos de tres civilizaciones perdidas en una serie de infinitos naufragios; siendo así Venecia asiática y griega, romana y bizantina, nunca germánica, la síntesis de tres edades mayores de la historia, la piedra preciosa del anillo nupcial con que se desposaron el Oriente, el mundo de los misterios, y Europa, la tierra de la nueva vida, de la nueva civilización.

Y como no es posible renunciar ni a la nación ni a la raza a que pertenecemos, yo, español, sentía en aquel momento agolparse a mi memoria los recuerdos históricos de los servicios prestados a la civilización por Venecia y España, unidas en memorable cruzada marítima. Un día la media luna llegó hasta Constantinopla. Los bizantinos, los griegos, cayeron unos en pos de otros bajo la cimitarra de los turcos, cuyo filo brillaba siniestramente sobre Venecia. Las islas iban a ser cautivas; sus hijos, remeros en las galeras del turco; el Mediterráneo, el mar de la civilización, un lago de los serrallos orientales. Pero las naves de Barcelona, de Valencia, de Cádiz, de las ciudades españolas, se unieron con las naves de Génova y de Venecia, y marcharon a detener el turco, y consiguieron aquella insigne victoria de Lepanto, en que las olas se ensangrentaron hasta enrojecerse, e hirvieron bajo el fuego de los cañones; pero en que el fatalismo retrocedió en su carrera devastadora ante la fuerza y la civilización de Occidente.

Pero sobre todo, iba a ver la ciudad, por la cual hemos tenido tantos dolores, tantas tristezas en su largo cautiverio de este siglo. ¡Cuántas veces se nos ha aparecido en sueños, rodeada de sus islas, como Niobe de sus hijas heridas, maldiciendo a los hombres que no la socorrían, y desesperando de la justicia de Dios que toleraba su opresión! ¡Cuántas veces hemos creído oír en los misteriosos ecos con que la resonancia de las playas repite el rumor de las olas del Mediterráneo, un largo lamento de Venecia! ¡Cuántas hemos creído que era posible verla en su dolor un día arrojarse, como Ofelia, a sus lagunas, y desaparecer entre las aguas con su doble corona de mármol y de algas en la frente, y su melancólico último cántico en los labios! Venecia era para nosotros una Ciudad-Cristo suspendida a su infame suplicio por los cuatro grandes clavos del Cuadrilátero. Venecia había perdido aquellas coronas de perlas, aquellas túnicas de terciopelo, aquellas naves de oro, aquellos leones de bronce con ojos de diamante, aquellos cocodrilos de esmeraldas y rubíes, aquellas infinitas preseas con que la ornaron los genios privilegiados de sus pintores, y sólo mostraba sus fragmentos ruinosos de mármol ennegrecido por la lluvia de sus lágrimas, como un mendigo enseña sus huesos cubiertos de rugosa piel a través de los harapos. La historia de este martirio, el lamento de su pasada servidumbre, las infinitas elegías lloradas por tantos poetas, por tantos oradores ilustres sobre el calabozo de Venecia; todos estos recuerdos se entrechocaban en mi mente, aumentando la emoción producida en mi alma a la vista de aquellos misteriosos parajes ilustrados por el heroísmo y por el genio.

Mientras rodaban todas estas ideas por mi cabeza, penetraba el tren en la laguna de San Marcos. El cielo, como he dicho, de un lado claro, brillantísimo; de otro, oscuro, si bien relampagueante; a intervalos cubierto de nubes u ornado de estrellas, tenía un aspecto de tal manera singular, que no me cansaba de contemplarlo, pidiéndole su luz para embeberme en aquel espectáculo, objeto de tantos deseos, asunto de tantos ensueños. La inmensa laguna que aun conservaba algo en su tranquila superficie de la claridad del día, brillaba en toda la extensión del vastísimo horizonte como un inmenso espejo atravesado por fajas, ya de ópalos allí donde se reflejaban las estrellas, o ya de amatistas allí donde se reflejaban las nubes, encendiéndose de vez en cuando por siniestro modo al latigazo del relámpago. La humareda de la locomotora, el aliento de los lagos, las nubes sobre nuestras cabezas, las aguas bajo nuestros pies y en toda la inmensa extensión descubierta por la vista, nos hacían creer que nos hallábamos fuera de la tierra, o cruzando en el lomo de algún monstruo regiones ignotas de la atmósfera. Entre los dudosos resplandores, entre las inciertas sombras, como dibujados fantásticamente en oscuro espejismo, descubríanse los edificios de Venecia, aquí y allá iluminados por pálidas luces. Si no hubiera sabido que era Venecia, creyéralos, al verlos surgir como por encanto de las aguas, sostenerse entre la superficie líquida y el fluido del aire sin tocar visiblemente por ningún lado a la tierra, una ciudad flotante, una nómada caravana marítima, presidida por algún dios de las olas, y por aquel momento refugiada en el tranquilo seno de la celeste laguna adriática. ¡Qué armonía de colores a pesar de la noche! Ya tiemblan las estrellas en la ligera ondulación; ya las plantas marinas dan algunos toque sombríos; ya un faro finge en su reflejo serpientes de topacios; ya el remo de una barca despide gotas de luz, produce como llamaradas de fósforo, deja estelas blanquísimas semejantes a la Vía Láctea; ya de un lado las sombras de los edificios, espesando la oscuridad, extienden festones de azabache, mientras de otro lado alguna nube, perdida por el ocaso y que aun absorbe, como una esponja aérea, los últimos matices del sol ausente, los destila sobre raros puntos como una llovizna de púrpura, todo realzado por las gasas misteriosas y por los espléndidos reflejos que los vapores del aire y los cambiantes del lago dan por doquier a este mundo casi ideal de no soñados encantos.

Por fin el tren se detiene. Las formalidades de entregar los billetes y recoger los equipajes molestan de una manera indecible en la natural impaciencia. Quisierais ser pez o ave para llegar al agua y al aire de Venecia sin esas cargas de baúles y sombrereras a que os obliga la nativa debilidad humana. Pisáis aquellos muelles besados eternamente por las aguas. Larga fila de negras góndolas, ligeras, esbeltas, os aguardan. Escogéis maquinalmente la primera, sin curaros ni de la forma ni del precio de aquel viaje, como si todas las condiciones de la vida económica hubieran de perturbarse allí donde cambian casi todas las condiciones de la vida vulgar de las ciudades antiguas y modernas. Dais la dirección de vuestro proyectado albergue, y sentís por un movimiento casi imperceptible que os deslizáis sobre las aguas. Apodérase del alma un gran sentimiento de tristeza. La góndola, mal iluminada por un pequeño farolito puesto en el fondo, y conducida por dos hombres, cada cual de pié a cada uno de sus extremos, parece ya un ataúd, ya un cetáceo, ya un cisne negro, ya una luciérnaga fantástica, ya el cadáver de una de las antiguas sirenas del Adriático en sombra convertido, que os arrastra a las cavernas profundas de los profundos senos del Océano. Como venís deslumbrado por la claridad de la resplandeciente laguna, creéis entrar en una región de tinieblas. Las aguas tienen una oscuridad indefinible por lo espesas. Parecen realmente bituminosas. Los fuertes muros de los altos monumentos acrecientan la noche. Los faroles, colocados a largas distancias, sólo sirven como de ligero contraste para conocer mejor la negra y general oscuridad. Venecia tiene calles de tierra y calles de agua. Las calles de agua no están iluminadas. Solamente la blanquecina fosforescencia de la estela, o el débil resplandor de una ventana, o el mustio farolito de una muda góndola que pasa a vuestro lado, o el reverbero de una esquina apartada, alumbran aquel tortuoso laberinto de piedras y de rejas y de puentes y de palos destinados a atar las góndolas; especie de grandes árboles acuáticos, pero sin ramas, sin hojas, tristes y secos. La ciudad parece inhabitada. De vez en cuando pasan sobre los arcos de los puentes algunos viandantes como sombras de las sombras. El silencio es sepulcral. Sólo oís el grito del gondolero que avisa a sus camaradas para que las góndolas no choquen. Este grito, por todas partes repetido, es agrio y agudo como el grito de las aves marítimas. El verde limo que sale a la superficie de los canales flota a intervalos y lo tomáis por un cadáver. La puerta de un palacio gira sobre sus goznes, algunas personas bajan silenciosas por sus escaleras de mármol y se instalan en sus góndolas. ¡Oh! Las tomaríais por habitantes de un panteón que van a dormir sobre un ataúd. De pronto salís al gran canal, respiráis brisa más fresca y más libre, veis a la luz de las estrellas fustes de estriadas columnas, plintos y bases que salen del agua, rosetones góticos, ajimeces árabes, ventanas bizantinas, arcos del Renacimiento; pero la góndola corre de nuevo a perderse en el laberinto de los estrechos callejones, y aquella decoración mágica desaparece en la realidad, como las horas rápidas del placer en las tristezas eternas de la vida.

El camino desde la estación a nuestro albergue era larguísimo. Los gondoleros continuaban de pié a cada lado de la góndola impulsándola con sus sendos largos remos y repitiendo sus agudos gritos. a cada paso una esquina, sobre cada esquina un puente, al pié del puente y a las puertas de la casa las escaleras de mármol, sobre el último blanco escalón el agua verdinegra, y bajo los arcos del puente y junto a las graderías blancas, las góndolas negras cubiertas con sus largos paños pardos semejantes a los paños de un catafalco. El objeto más necesario a la vida veneciana es la góndola, y la góndola es también el objeto más triste. Imaginaos una elipse de madera negra con varios relieves; a uno de los extremos grande alabarda dentada, cuyo acero brilla siniestramente, y al otro extremo una especie de pequeña cola retorcida; en el centro, como antigua tartana de Valencia, el sitio de reposo, forrado por dentro de terciopelo negro, por fuera de paño negro con borlas de seda, lleno de mullidos cojines de tafilete, cerrado por cuatro ventanas, con cuyos cristales, con cuyas cortinas, con cuyas persianas podéis comunicaros o incomunicaros a voluntad; todo oscuro, todo triste, todo misterioso, todo romántico, invitando la vida a las aventuras, la imaginación a las leyendas, pues unas y otras se desprenden como consecuencia natural de todo cuanto os rodea, y sobre todo, de vuestra inseparable compañera, la silenciosa góndola. Así Roma es la ciudad sublime, Nápoles la ciudad placentera, Florencia la ciudad académica, Liorna la ciudad mercantil, Pisa la ciudad muerta, Bolonia la ciudad música, Milán la ciudad civil y Venecia la ciudad romántica. El Moro y el Mercader de Shakespeare, el Angello de Víctor Hugo, los dramas de Byron, han sido inspirados por estas sombras, y tienen aquí, en estas góndolas, sus misteriosas cunas.

Hoy Venecia reúne a la poesía de sus artes la poesía de sus recuerdos, y a la poesía de sus recuerdos la poesía de sus tristezas. Los palacios se caen, las estatuas bajan a pedazos de sus pedestales, las rientes figuras de sus cuadros se van como las mariposas al soplo del invierno. La herida que le causó el cambio del movimiento humano hacia otras regiones, por la aparición de América en el mundo y el descubrimiento del Cabo de Buena Esperanza, esa herida que mató su comercio no ha podido ser curada por su reciente libertad, porque la libertad no puede destruir las fatalidades geográficas. Venecia se muere. Sólo que en vez de morir como una prostituta en los calabozos austriacos, muere como una matrona en el seno de su hogar y rodeada de sus hijos. Venecia cayó al pié de la cuna de América, como Ifigenia al pié de la cuna de Grecia. Los caminos de la humanidad están sembrados de víctimas, y el progreso no se exceptúa de esta ley necesaria. La vida se alimenta de la muerte. Pero no es por eso menos triste ver morir una ciudad cuyos Dux tuvieron la corona imperial de Bizancio tantas veces en las manos, y la rechazaron por el gorro frigio de la vieja república; ver morir una ciudad cuya bandera ahuyentó a los turcos y despertó las fuerzas del comercio y del trabajo; ver morir una ciudad cuyas libertades son las más antiguas en la era cristiana, y que ella sola ha sido la Inglaterra de la Edad Media; ver morir a una ciudad que en sus copas de cristal, en sus banquetes báquicos, en sus voluptuosas serenatas, en sus sensuales cánticos, en sus guirnaldas de coral y algas trajo disuelto a nuestra vida el aroma inmortal del Renacimiento. ¡Cómo sentía en aquel viaje por las calles de Venecia no ser poeta, orador ni escritor de algún mérito para lamentar con elocuencia la muerte de esta ciudad única en el mundo! Ideas de luto y desolación solamente me habían inspirado los ataúdes flotantes, los palacios sombríos, las magníficas ventanas medio destrozadas, los monumentos medio ruinosos, el tortuosísimo laberinto de calles estrechas y de canales oscuros, las sombras que se dibujaban en los altos puentes, las separadas piedras de mármol lamidas por las olas, el ruido del agua, que parecía una lágrima cayendo sobre otra lágrima, y los gritos de los gondoleros que parecían un lamento repetido por otro lamento.

Pero en esto llegamos al gran canal, frente a la iglesia de la Salud, donde íbamos a alojarnos, muy cerca de la *piazzetta* de San Marcos. Su anchura es allí la anchura de un brazo de mar. Sus aguas son claras como si llevaran disuelta la luz del día. La fosforescencia que dejan los remos y la quilla dibujan por doquier largas cintas blanquecinas como rayos de luna. Al desembocar nosotros de los pequeños canales en aquella grande extensión, varias góndolas se dirigían al Rioalto iluminadas por faroles venecianos, sólo comparables a guirnaldas de luminosas flores. Esta mágica iluminación resaltaba en la oscuridad de la noche y se repetía en la trasparencia de las aguas. De las góndolas salía un coro armoniosísimo, solemne, acompañado por excelente música; acordes misteriosamente engrandecidos y dulcificados por la sonoridad del aire y de las lagunas. Después de haber pasado aquella travesía, después de haber hecho por la red infinita de canales aquel viaje, en que Venecia semejaba una de esas místicas ciudades pintadas por los artistas de la Edad Media en las paredes de los cementerios para representar el infierno, al verme en el gran canal, en aquella larga serie de monumentos, sobre el agua trasparente, bajo el cielo clarísimo, descubriendo las iglesias de blanco mármol iluminadas como grandes montañas de nieve por los rayos de los astros, contemplando las góndolas que se deslizaban rápidamente, festín flotante consagrado al arte, oyendo aquella música, aquella armonía deliciosa en alas de los vientos de la misteriosa laguna, creíme en la antigua Venecia, en la que traía la riqueza y los colores de Oriente, en la que escuchaba las serenatas de Leonardo de Vinci, en la que prestaba los matices del iris a la paleta de Ticiano, en la que se reía con la carcajada de Aretino, en la que llevaba, como un esclavo, el Imperio de Constantino a sus pies, y como una compañera a su lado, Grecia, la tierra de los poetas. Pero la serenata pasó, las luces se perdieron pronto en los recodos del canal, sumergióse la laguna en su profundo silencio, y las torres de las iglesias vecinas dieron el toque de Ánimas con elegíaco lamento.

Al día siguiente faltábame el tiempo para ver Venecia. Confieso que una de las artes a mis ojos más maravillosa y expresiva, es la arquitectura. Sus piedras, reguladas por las ideas, como las notas de un cántico o como los miembros de un discurso, me inspiran siempre, cuando aciertan con sus armonías a expresar la belleza, un placer purísimo, intelectual. Las grandes líneas, los dilatados espacios, los ambiciosos arcos, las aéreas rotondas, las columnas con sus adornos, las galerías con sus lejos, los patios y los claustros, sumergen a la mente en profundas meditaciones y expresan siempre el genio del siglo con su carácter simbólico. Yo gusto mucho de la arquitectura griega, de su sobriedad, de su austera sencillez, de su gracia infinita, de la facilidad con que expresa grandes ideas con pocos medios y llega a la hermosura sin violentar sus formas, poniendo un ligero friso, cuadrado, sobre cuatro frentes de intercolumnios, cuyas armonías son tales, que puede decirse cantan como un coro. Yo admiro también a los romanos, que sobrepusieron los tres géneros de la arquitectura en sus monumentos, como sobrepusieron las tres edades de la historia en su civilización y en sus códigos. Yo no olvidaré nunca la rotonda del panteón donde espiró el paganismo; ni los arcos triunfales, puertas magníficas de la nueva edad del mundo. Sobre todo, lo que el arte antiguo me inspira siempre es un culto infinito a la sencillez de las formas y a la naturalidad de la expresión. Pero este entusiasmo por el arte antiguo no excluye la admiración por todos los géneros bellos de arquitectura. No hay cosa peor que el exclusivismo en las artes. Los arquitectos del pasado siglo, en su odio por el gótico, llegaron, aun los de más gusto, a construir unos edificios grandes, pero mudos; más que severos, rígidos, con toda la rigidez de la muerte. Hay arquitecturas que se distinguen por su sabiduría, por su perfecta sujeción a las leyes de la estática. Tales son la griega y la romana. Han pasado sobre ellas los siglos, y ese otro elemento más devastador todavía que los siglos, las cóleras de los hombres; pero se han estrellado contra su imperturbable firmeza. Hay, sin embargo, arquitecturas que se distinguen por su expresión. Tales son la oriental y la gótica. Venecia se parece a Granada, en que Venecia tiene una arquitectura propia, exclusiva, nacida de sus particulares circunstancias históricas y del ministerio único representado por ella entre el Oriente y el Occidente. Así como los granadinos, conservando siempre aquel carácter árabe que llegó a su perfección en la aljama de Córdoba, se acercaban al gótico, los venecianos, conservando el carácter bizantino y gótico, general en la Edad Media, le arrojaban encima como un velo de oro las ricas preseas del Oriente. Así ha creado Venecia esa serie de monumentos que son el prodigio de los prodigios, por su variedad y por su riqueza. Si vais a examinarlos con el Vitrubio en la mano, con las reglas de Vignola en la mente, llevando la escuadra y el compás, sometiéndolos a un examen matemático, demandándoles obediencia ciega a las leyes de la estática, pronto a indignaros si veis que una galería está sostenida por un armazón de hierro, que una columna gruesa está sobrepuesta a una columna ligera como riéndose de los principios generales de la gravedad física, que una mole de mármol pesa, siendo como una montaña, sobre el encaje de una galería aérea y ligerísima; si ante todo y sobre todo ponéis las matemáticas, no os paréis delante de esos edificios de la Edad Media, que ante todo y sobre todo ponen la riqueza de la expresión, riqueza grande, inverosímil, como son inverosímiles todas las hipérboles, pero en realidad muy bella. ¡Cómo influye en las artes el medio en que se desarrollan! Venecia es una maga que obliga a los artistas a seguirla y les imprime su beso de fuego en la frente. Los arquitectos del siglo decimoquinto construyen edificios severos en Roma, al mismo tiempo que el gótico florido abre sus calados rosetones en toda Europa como las primeras flores del Abril del Renacimiento. Y los arquitectos de Venecia, a fines del siglo decimosexto y principios del siglo decimoséptimo, cuando el arte clásico todo lo ha avasallado, sin dejar de seguir su influjo, coronan los frisos de sus monumentos, las cúspides de sus torres, las azoteas de sus palacios con joyas y cinceladuras, esmaltadas siempre por el oriental carácter veneciano.

Salgamos, pues, a contemplar a Venecia. Nuestra góndola se desliza por el gran canal. Las aguas tienen un verde-esmeralda, el cielo un azul-turquesa, los bancos de arena un brillo de oro, las casas de las cercanas islas un esmalte de coral-rosa, y las iglesias de mármol una trasparencia tan extraordinaria que parecen iglesias de cristal: bruñe el sol todos los objetos con sus rayos, esos pinceles de la naturaleza, y la brisa cargada con los aromas de la primavera, con las salinas exhalaciones del mar, perfumada y picante, os convida con sus voluptuosos besos a la infinita alegría de vivir. No tenemos tiempo de mirar ese gran canal que los pintores venecianos, reproduciéndolo de todas maneras, desde los albores de la escuela con Carpacio hasta su extinción con Canalletto, han impreso indeleblemente en las retinas de los amadores del arte. Sólo es dado ver con una rápida ojeada que desde los edificios pesados bizantinos, hasta los edificios elegantes del siglo decimosexto, y desde los elegantes del siglo decimosexto hasta los abigarrados de la decadencia, unidos a monumentos góticos de todo género, ornados con guirnaldas sirias y árabes, la historia del arte se apiña en dos largos muros de mármol a uno y otro lado del canal, realzada por los reflejos del agua y por las tintas del cielo. En cada ciudad buscáis primero un monumento, un punto. En Sevilla la catedral, en Granada la Alhambra, en Córdoba la mezquita, en Roma el Coliseo, en Nápoles el Vesubio, en Pisa el Cementerio, en Florencia la plaza de la Señoría, y en Venecia la plaza de San Marcos. Llegamos al pié de su magnífica escalera. Nos detenemos extasiados. No es posible pintar a Venecia. La palabra humana carece de bastantes matices para tan rico cuadro. Yo no lo intento siquiera. Se necesita ver, y sentir, y admirar, y empapar en aquellos colores los ojos, y absorber por todos los poros aquella vida, y luego callarse.

Nunca he deplorado tanto el compromiso contraído con mis lectores, a cuya inagotable bondad voy a faltar, encontrándome con este soberbio paisaje ante mis ojos y esta humilde pluma en las manos. En primer término, el lago, espléndidamente iluminado por el cielo y el sol, que lo borda con sus rayos; al Norte la desembocadura del gran canal con sus varios y ricos edificios; al extremo derecho de la desembocadura la marmórea iglesia de la Salud, cuyas blancas rotondas se dibujan maravillosamente en la nitidez del aire; ante esta iglesia, levantada en torre graciosa, una grande esfera de bronce dorado y en su polo un ángel de bronce oscuro; a la desembocadura izquierda, una terraza de jaspe sobre la cual ostenta sus flores primaverales, ameno, aunque estrecho, jardín, poblado de mariposas; en el centro la *piazzetta*, el palacio de Sansovino, cincelado como un escudo de Cellini y rematado por un coro de estatuas; el palacio de los Dux, al otro lado, descansando su mole de mármol rojo y blanco sobre una doble galería de arcos góticos entrelazados por un juego de caprichosos rosetones, y recamados en el capitel de sus columnas con esculturas bizantinas, que se armonizan y se enlazan de una manera admirable con la diadema de agudos triángulos y los airosos campanarios de la cima; ante estos dos monumentos, las dos columnas de granito oriental, dos monolitos colosales, y encima el cocodrilo de San Teodoro y el león de San Marcos, que parecen exhalar el huracán de sus abiertas fauces; en el fondo, al lado izquierdo, el Campanile, alto y airoso como nuestra Giralda, calzado por una tribuna maravillosamente esculpida, y coronado por un ángel que alza sobre su aguda aguja las alas de oro a lo infinito; al mismo fondo, en el lado derecho, la Basílica, oriental, gótica, griega, bizantina, árabe, mezcla de todas las arquitecturas, resumen de todas las épocas, con sus arcos azules sembrados de estrellas, sus columnas de todos los jaspes, sus estatuas y sus bizarros campanarios, los cuatro caballos de Corinto sobre la puerta, los mosaicos de cristales venecianos en los huecos, de cuyo áureo cielo se destacan maravillosas figuras de todos colores, las rotondas en la cima, breves copias de las rotondas de Santa Sofía como una aparición del Asia; y en las vastas proporciones de aquel paisaje, el muelle de los esclavones lleno de navíos, realzados por los pintorescos trajes de los turcos y de los griegos, por la gran multitud veneciana que en aquella vastísima calle desemboca; más lejos todavía las islas de San Jorge Mayor con su iglesia de color de rosa y blanco; la Giudecca con sus edificios empapados en todos los matices del iris; San Lázaro con su convento armenio, cuya torre oriental parece la vela rizada de un gran navío; el Lido poblado de bosques, que tocan las aguas con sus ramas y llenan los ruiseñores con sus cantares; los jardines como islas flotantes, como canastillos gigantescos de flores confiados al agua; todo atravesado por las gasas celestes de los canales, todo variadísimo, por el color ya dorado, ya argentado de los bancos de arena, todo animado por el contraste de las blancas velas latinas que entran y salen con las negras góndolas venecianas que por doquier se deslizan, todo arrullado por las ondas del Adriático; al lejano Occidente los Alpes, que bajan como un ejército de gigantes pirámides celestes, y en el lejano Oriente, como una música eterna, el viento que viene desde las playas de Grecia. No hay nada igual en el mundo.

¡Cuántas hermosas ciudades hemos recorrido en Italia! Cada una tiene su maravilla, y cada maravilla su carácter. Cuando vais de Roma a Nápoles, no os parece hallaros en otra tierra, sino en otro planeta. El cementerio de Pisa y el cementerio de Bolonia son magníficos; pero hay entre ellos tanta distancia como entre el panteón de Agripa y la catedral de Milán. De Florencia a Pisa vais en dos horas, de Pisa a Liorna en media; y cada una tiene abismos de diferencia en sus calles, en sus monumentos. La magnífica torre inclinada de Pisa parece hecha a millares de leguas del lugar donde se alza la divina rotonda de Santa María dei Fiori de Florencia. Cada una de estas ciudades ostenta su escuela especial de pintura y su especialísimo carácter de arquitectura. Cada una de ellas engendra un genio que le devuelve, en cambio del regalo de la vida, el regalo de la inmortalidad. Pisa tiene a Nicolas, que ha adornado con dos siglos de anticipación el Renacimiento, haciendo florecer bajo su cincel los mármoles; Bolonia tiene a Juan, que detiene un momento la decadencia de la escultura; Fiezzolli tiene a Fra Angelico, que pinta los ángeles con la misma facilidad con que Platón describe las ideas puras, y de rodillas ante las Vírgenes salidas de su pincel, entre los límites de dos siglos, como el decimocuarto y el decimoquinto, que son los límites de dos mundos, simboliza el fin de las edades místicas; Venecia es la madre del Ticiano, Verona de Pablo Cagriari, Florencia de Miguel Ángel, y Roma puede llamarse, por las *loggias*, las estancias, la transfiguración, las Sibilas, la Galatea de la Farnesina, la Madona de Foligno y el Isaías, la capital de Rafael. –¿De dónde proviene esta grandeza? –De la descentralización de sus gobiernos, de la libertad de sus repúblicas, de la independencia municipal. Sólo hay en la historia una época superior a su época, un pueblo más ilustre que sus pueblos, Grecia. Pero el secreto de su grandeza está en la misma causa que el secreto de la grandeza de Italia. Miguel Ángel es uno de esos titanes que llevan en sus pies las heridas de las moles calcinadas, puestas unas sobre otras para escalar al cielo, y en sus frentes las heridas de las tempestades que han atravesado, buscando solitarios por las regiones superiores de la atmósfera lo infinito. Pues bien; Miguel Ángel, cuando vio morir la libertad en su patria, cinceló una figura hermosísima pero triste, le puso la perfección griega en las formas, el dolor cristiano en la frente, le cerró los ojos, le extendió sobre un sepulcro y le llamó la noche. La ausencia de la libertad fue la muerte de Venecia, la muerte de Milán, la muerte de Pisa, la noche de Italia. Por todas partes se encuentra en la geología de la sociedad a la libertad, como en la geología del planeta a Dios.

Góndola frente al Campanario de San Marcos
y el Palacio Ducal

Puente de Rialto sobre el Gran Canal

Al fin tenemos luz, ese fluido sólo comparable al pensamiento, en que esclarece y vivifica. Aquí me baño en el éter desprendido de un cielo sin nubes y reflejado por un lago sin sombras. Yo quisiera ver mi interior, mi espíritu, con el plástico relieve que toman a esta luz oriental todas las cosas. Nosotros mismos somos lo más oscuro y lo más incomprensible que existe en la creación. ¿Por qué no había de ser mi razón tan clara como el sol? Después de todo, la luz del gran astro se perdería, como música no oída, si no iluminase la humana frente. ¿Por qué no había de ser mi espíritu tan diáfano como estas aguas celestes, en cuyos espejos se repiten con todas sus asiáticas cresterías, con todos sus adornos o todas sus grecas los edificios de Venecia? Después de todo, el Universo sería como un libro cerrado y en blanco, si no llenase sus páginas de ideas el humano espíritu. ¿Por qué los horizontes de mi pensamiento no habían de tener el mismo esplendor de estos horizontes? Sombras de sombras serian todas las cosas si no las animasen de un alma las ideas. Quitad el espíritu del planeta, y decidme después para quién cantarían las aves que ahora gorjean en los árboles cuyas ramas tocan las aguas, y para quién exhalarían su incienso esas flores que ahora beben la savia embriagadora de la primavera. Las cosas serian, sin las ideas, jeroglíficos sin lectores ni intérpretes. El Universo sin espíritu sería, cuando menos, un teatro sin actores. Pero el espíritu, ¿qué luz interior tiene?

Yo no conozco en la historia ninguna época de tanta angustia moral como nuestra época. Las creencias que cinco siglos de fe y de martirio habían levantado, se han caído en tres siglos de análisis. El antiguo día de las almas se avecina a su ocaso, y no estamos seguros de que amanezca otro nuevo día. La campana que ahora toca la oración, el órgano que ahora acompaña el cántico de los monjes, la imagen que ahora veneran los marineros del Adriático, van pasando a ser como los himnos griegos, como los bajo-relieves del Partenón, objetos de culto artístico, pero no objetos de culto religioso. Aquí también se oye alzarse de las aguas un lamento elegíaco, sólo comparable al lamento lanzado por las antiguas sirenas cuando oyeron de labios de los nazarenos que el mundo era llamado a una nueva fe en la maceración y la penitencia. El Dios-espíritu ve condensarse contra su poder y contra su Verbo nubes de ideas tan amenazadoras como las que destronaron y destruyeron al Dios-naturaleza. ¿Qué luz interior tiene el espíritu en esta suprema crisis?

Tales ideas me asaltaban una tarde de Mayo de 1868, al borde espléndido de la maravillosa laguna de San Marcos, y enfrente de la desembocadura del gran canal de Venecia, sobre la isla de San Lázaro, a la puerta del convento de los armenios. El sol, que se había ocultado tras la Giudecca, doraba con sus últimos rayos las cúpulas de las iglesias y las rotondas orientales de la gran Basílica; las góndolas negras, que resaltaban sobre las aguas azules, corrían rápidas en todas direcciones como fantásticos seres; al frente agrupábanse los maravillosos palacios venecianos esmaltados por todas las artes; a la espalda se dibujaba el Lido, como un jardín flotante lleno de vegetación, de flores, de gorjeos; y en todas direcciones surgían las islas, en que los árboles se balanceaban cual si tuvieran sus raíces en las aguas, y entre los árboles resplandecían maravillosos edificios, como anclados en aquel mar de indelebles recuerdos y de eterna poesía. Se necesita para comprender la hermosura sentir desde allí cómo espira el día en las lagunas; cómo se iluminan de estelas fosforescentes las aguas; cómo brotan las primeras estrellas en el cielo y las primeras luces en las ventanas y en las calles de la ciudad; cómo estas luces tiemblan al reflejarse en los canales; cómo suenan los últimos toques de la campana de la oración mezclados con los cantares voluptuosos de los gondoleros y las salmodias de los conventos; cómo se encuentran unísonas en el cielo voces del espíritu con voces del Universo.

Espectáculo tan maravilloso no distraía mi alma del pensamiento, ni el pensamiento de la contemplación de esta crisis suprema del humano espíritu. Cuando más absorto estaba, dirigióse a mí un monje para decirme oficiosamente la hora en que el convento cerraba a los curiosos sus puertas. Aunque aquel aviso pareciera urbana despedida, sentía yo deseo invencible de permanecer allí, puesto que la hora de clausura no era todavía; y mi góndola estaba pronta a conducirme a la ciudad, que dista de la isla de San Lázaro tres kilómetros. Los monjes armenios venden maravillosas obras orientales; yo no soy ajeno al estudio de las lenguas semíticas, y valíme de la treta de una conversación sobre tema tan socorrido para prolongar mi visita a sitio tan delicioso.

Inmediatamente se olvidó el monje de su consigna, y comenzó a departir conmigo de estudios y letras. Poco a poco la conversación llegó a las materias religiosas. Yo he sentido siempre incontrastable ímpetu a difundir mis ideas entre las muchedumbres; pero jamás caigo en la tentación de convencer ni persuadir en conversaciones particulares a mis interlocutores. Así como trazo una línea divisoria entre el lenguaje vulgar y el lenguaje oratorio, trazo otra línea divisoria entre los oyentes numerosos y el oyente singular con quien trabo o mantengo un diálogo. He notado que si yo nunca me decido a convencer ni persuadir en la vida ordinaria, muchos de mis interlocutores caen, bien al revés, en la manía de convencerme y persuadirme a mí.

El sacerdote con quien yo departía a la sazón, era un joven, turco de nacimiento, católico de religión, armenio de rito, monje de entusiasmo, oriental en su lenguaje sembrado de imágenes, veneciano por su finura y su hospitalidad; en el fondo de la conciencia místico, cual un sectario asiático, pero en el comercio con sus semejantes, de una tolerancia en perfecta armonía con el carácter de nuestro siglo. Estaba enfermo, muy enfermo, y tenía seguridad de muerte próxima. Esta melancólica evidencia daba a sus ideas, severas como la moral, solemnes como el culto, poéticas como la tierra donde había nacido y la tierra donde iba a morir, las infinitas perspectivas de la eternidad. Hoy, pasados cuatro años, todavía recuerdo con viveza aquella conversación de la cual quiero trasmitiros un fragmento, porque muchas de sus ideas me fortalecen todavía en mis combates interiores, y todavía me alientan en mi esperanza de una renovación moral análoga a las renovaciones sociales. La contradicción que entre nosotros surgió vino a desvanecer muchas de las dudas que, relámpagos de sombras, pasaban por mi alma.

–¿Creéis, me decía, que nuestro estado moral ha de continuar? ¿Creéis que podemos llevar tanto tiempo una fe muerta en la conciencia? Toda idea muerta mata el espíritu que en sí la lleva, como el feto muerto gangrena las entrañas que lo encierran.

–Os lo he repetido ya varias veces en el curso de nuestra conversación, le dije. Yo no creo que pueda mantenerse viva la conciencia en el seno de una fe completamente muerta. El espíritu tiene analogías con la naturaleza. Y la naturaleza no aniquila, transforma; no mata, renueva. Es necesario renovar el espíritu en la renovación de la sociedad.

–¡Renovarlo! me dijo. ¿Y cómo vais a crear una religión nueva? ¿De dónde sacaréis los apóstoles que prediquen, los mártires que mueran, las ideas necesarias, los sacrificios indispensables a una transformación religiosa? El árbol de la fe se riega con sangre. La humanidad en nuestro tiempo tiene vocación al trabajo; no tiene vocación al martirio, como la tenía en la época del Redentor. Derramará hasta extenuarse todo el sudor que pueda destilar sobre las máquinas del trabajo; no derramará ¡ay! ni una gota de sangre ante las aras de la fe. Los pueblos me parecen hoy atletas llenos de energía física, pero faltos de alma.

–No obraran las maravillas que obran si no sintieran dentro de sí el vapor de grandes ideas. Han subido a los cielos y les han arrancado el rayo, porque tenían estatura moral bastante a tocar con su frente en las nubes. Las épocas de decadencia ni crean, ni inventan, ni trabajan. El desaliento y la decrepitud se sienten a una en todas las esferas de la actividad y en todas las manifestaciones de la vida.

–Pero creo haberos oído decir que los pueblos no creen si no tienen ideal.

–Es verdad. Mas creo que el ideal no debe brotar sólo del sentimiento, sólo de la fantasía, sino de la razón. Vuestro ideal es todo entero para la imaginación. Y en las épocas reflexivas, los ideales que sólo son hijos de la fantasía y sólo a la fantasía se enderezan, mueren como en la estación de los frutos mueren las flores.

–Vosotros no creéis en el milagro.

–No hablemos de nuestras opiniones individuales, porque entonces nuestros debates serán disputas, contestéle yo. Hablemos de algo más alto, hablemos de la crisis que atraviesa el espíritu humano en nuestro tiempo. Vuestras ideas propias valen menos en comparación del alma infinita de la humanidad, que las gotas destiladas de ese remo en comparación de los caudales del mar.

–Pues bien; me rectifico, y digo: nuestro siglo no cree en el milagro.

–Tenéis razón. Su conocimiento de las leyes naturales hale llevado a proclamar que estas leyes no se interrumpen ni por un minuto. Mas he aquí la base de mi tesis: no forjéis, ni mantengáis un ideal religioso en oposición absoluta con la ciencia. Las más inferiores de nuestras facultades, la sensibilidad, la fantasía, se conmoverán al tañido de las campanas, a la vista de las sagradas imágenes, al eco del órgano que eleva un himno a los cielos, a la aparición de esas basílicas milagrosas, como la basílica de San Marcos, tachonada de mosaicos, donde el color agota sus matices, y poblada de obras donde el arte agota sus inspiraciones, monumentos en cuyas bóvedas se ven vagar las plegarias de diez siglos, y en cuyos pavimentos dormir los huesos de innumerables generaciones; pero por poeta que seáis, por conmovido que estéis, en cuanto la razón penetre en tantas armonías y ensueños, los desvanecerá con sus glaciales pero incontestables afirmaciones, dejándoos en lucha perpetua entre la sensibilidad y el entendimiento, lucha que conviene terminar, si hemos de ser soberanos de la naturaleza, sólo sometida a la verdad y a la ciencia.

–Esa lucha ¡oh! esa lucha será terminada por la fe.

–Pero la fe no puede contrariar verdades probadas o evidentes. Los dioses antiguos sonreían en la cima de las colinas sembradas de mirtos y de templos, a las orillas de mares que parecían dormirse bajo su amparo, entre coros de poetas que divulgaban sus nombres, sobre pueblos artistas y creyentes; pero un día la ciencia demostró que aquellas divinidades repugnaban a la razón, y a pesar de tener en su defensa pueblos heroicos, invencibles, como el pueblo romano, murieron todas juntas al soplo de una idea.

–Pero con aquellas divinidades murieron las sociedades que personificaban.

–No murieron, se trasformaron. ¿Murió el derecho romano? ¿Murió aquella literatura clásica, modelo todavía en nuestras escuelas? ¿Murieron aquellas artes plásticas que copiamos y repetimos? ¿Murieron ni siquiera aquellas lenguas a cuyas sabias combinaciones debemos toda nuestra nomenclatura científica? Lo único que pereció fue lo único que se creía imperecedero, el Dios o los dioses de aquel mundo.

–¡Y cuántas lágrimas, cuánta sangre costó fundar la nueva creencia! me contestó el sacerdote. El mundo se encenagó en las orgías. Aquella Roma tan fuerte dejó caer la espada del combate para empuñar la copa del festín. Las venas de la humanidad se hincharon con el canceroso vino de todas las concupiscencias. Fue preciso para curar tanto mal, nada menos que la irrupción de los bárbaros y el destronamiento de Roma.

–Ved adónde os lleva la implacable lógica de vuestras deducciones: a llorar la muerte del paganismo, vos, sacerdote católico. Seguramente en ningún lugar de la tierra se apena tanto el ánimo del artista, al sentir la desaparición de aquellos hermosos seres, imaginados por los poetas, y en el mármol encarnados por los escultores, como aquí, en su patria, al rumor de las olas del Adriático, bajo este cielo que todavía refleja sus miradas. Pero si al estado químico-físico del planeta corresponden los organismos, al estado moral del espíritu corresponden las religiones. El mundo sigue su vida independiente de nuestras concepciones abstractas de esa vida. Y Dios existe independientemente de la relación que con su ser incomunicable establezca nuestro espíritu. Hoy no comprendemos el mundo como lo comprendían nuestros padres. Para ellos estaba inmóvil, para nosotros se mueve. Para ellos el sol rodaba en torno de nuestra tierra, para nosotros la tierra rueda en torno del sol. ¿Ha cambiado la naturaleza porque cambie nuestra concepción de la naturaleza? Pues tampoco cambia Dios porque cambie nuestra concepción de Dios. Lo bueno, lo verdadero, lo hermoso, existen por sí, e independientemente de todos los juicios que acerca de ellos se formen. Para acercarnos al ideal, no hay sino aprender la verdad en la ciencia como en la conciencia, y realizar con desinterés absoluto en toda la vida el bien. Las religiones han servido para educar progresivamente a la humanidad. Sus esperanzas infinitas, sus terrores saludables, despertaron al hombre del seno de la naturaleza en que dormía para alzarle a una vida interior mucho más pura y mucho más elevada. El frágil espíritu humano obtuvo así la idea de lo infinito, y sintió así el soplo de lo divino como creándole de nuevo y en cierto sentido redimiéndole. Pero no hay que dudarlo; si la religión de la naturaleza fue un progreso respecto al fetichismo, y la religión del espíritu un progreso respecto a la religión de la naturaleza, ¿por qué, por qué imaginar, por qué creer que se ha parado o que ha retrocedido esta permanente revelación?

–¿Imagináis que puede llegar más allá alguna revelación? Dios, por un acto de su voluntad, por un soplo de su aliento, crea el mundo sin mal, y sobre el mundo al hombre sin pecado; la culpa cae del espíritu hecho libre sobre la naturaleza hecha su esclava, deslustra la creación y rebaja a la humanidad; nacen los hijos de los hombres sujetos al pecado, y el pecado al castigo que crea generaciones de generaciones enfermas, cuyos cuerpos se pierden tristemente en el placer, cuyas almas se desvanecen como sombras de sombras en los abismos; hasta que el mismo Dios conocido sólo de un pueblo, desciende así a rescatar las culpas de todos los hombres, como a revelarse a todos los hombres; y desde entonces los aires están llenos de ángeles custodios, los altares de santos próvidos, la naturaleza regenerada por la pureza de la Virgen Madre, el espíritu iluminado por el Verbo divino, y las esperanzas de la inmortalidad resplandeciendo más allá del sepulcro, para fortalecernos con la energía de una vida llamada a dilatarse en la eternidad.

–Líbreme Dios de contradecir ningún dogma. Los respeto profundamente todos. Mas yo niego que pueda sostenerlos una autoridad externa, fuerte, coercitiva en estos tiempos de razón y de libertad. Es necesario que la fe brote espontáneamente de las almas. Es necesario que impulse a la conciencia, y la conciencia a la voluntad. Así la idea se encarnará en el espíritu, y el espíritu se encarnará en la vida, y la vida será verdaderamente religiosa, y la religión norma e ideal viviente.

–¿Y no veis realizado esto en ninguna parte?

–No. Veo, al contrario, que mientras la civilización más se inclina a la libertad, se inclinan más las sectas religiosas a la autoridad. Veo que mientras las ideas de igualdad democrática más profundamente se arraigan en la esfera social, más en la esfera dogmática se pretende divinizar absurdos privilegios, opuestos a cuanto hay de fundamental en nuestra naturaleza. Veo, bien al revés de los tiempos cristianos en que Dios se humillaba hasta revestir la naturaleza del hombre, los hombres, llamándose infalibles, que aspiran a exaltarse hasta revestir la naturaleza de Dios. Lo veo invadido todo por el egoísmo y el sentido utilitario, cuando tanto necesitamos de que el lado ideal de nuestra naturaleza, el que a los cielos mira, se despierte y se avive. Las ideas religiosas, que debían ser puramente espirituales, van volviéndose fuerzas mecánicas; y los sacerdotes, que debían tener en sus manos y reflejar sobre nuestras frentes la luz de lo ideal, simples funcionarios del Estado. Veo todo esto con dolor, porque yo quisiera que en la aridez y desolación de nuestra vida pudiéramos libar algunas gotas de rocío celeste que refrigerase la sequedad de nuestros labios, abrasados de sed por lo infinito.

–Mas la creencia necesita una definición que la contenga y la formule; la definición, una autoridad que la imponga y la divulgue; la autoridad, una personificación que la represente. La fe no sería sino el dogma; el dogma no se mantendría sin la definición; la definición, sin la Iglesia; la Iglesia, sin el Papa; el Papa, sin el Espíritu divino, que debe comunicarle su propia infalibilidad.

–¿Creéis que Dios ha escogido una persona aparte, privilegiada, para comunicarle la verdad? Yo soy más creyente. Yo creo que así como ha extendido la luz por todos los orbes, ha extendido la razón por todos los espíritus. Yo creo que así como nos ha dado la propia vista para el mundo externo, y la propia vista no puede ser por ninguna autoridad, ni reemplazada ni sustituida, nos ha dado la conciencia para comunicarnos con el mundo interior, y la conciencia no puede ser tampoco por ninguna autoridad sustituida ni reemplazada. Yo creo que todos vemos la luz, que todos la confesamos; y los tenebrosos de alma son tan raros y tan excepcionales, como los ciegos de nacimiento. Los seres se bañan en la vida universal; los planetas y los soles, en el éter; las almas, en Dios. Creo más: creo que la revelación es eterna, inmanente, progresiva, de todos los siglos; teniendo por sus órganos a los filósofos, a los poetas, que han revelado una verdad, y a los mártires que por la verdad han muerto. Sólo así la historia se ilumina, la vida se eleva a lo infinito, la conciencia se enrojece en la absoluta verdad, como el hierro en el fuego. Sólo así nos sentimos unos en todas las generaciones y nos elevamos a la comprensión de todas las ideas; sólo así traemos a nuestra alma el espíritu humano, y en el espíritu humano diluimos nuestra alma. Sólo así nos elevamos a Dios, y Dios se comunica íntimamente con nosotros. Sólo así podemos ser habitantes verdaderos del Universo, verdaderos hijos de Dios, y unos e idénticos en toda la sucesión de los siglos con el desarrollo progresivo del humano espíritu.

–Yo de ninguna suerte puedo conformarme con vuestras ideas. Parécenme contrarias a todas las verdades y justificativas de todos los errores. Yo creo que un solo pueblo ha conocido a Dios en el mundo antiguo, el pueblo judío; y que una sola sociedad conserva y difunde esta vida en el mundo moderno, la Iglesia católica. Fuera de estas dos grandes ráfagas de luz tendidas por el tiempo como la Vía Láctea por el espacio, sólo descubro tinieblas y tinieblas, que ciegan y asfixian.

–¿Y el resto del trabajo humano se ha perdido? ¿Y del resto de la conciencia humana se ha Dios ausentado? ¿Qué creeríais de mi razón si yo os dijese: este jilguero o esta rosa deben su vida al Creador; pero no se la deben ni este helecho ni ese murciélago? Si dividimos las cosas en divinas y no divinas, entregamos el mundo al maniqueísmo; y el diablo disputa con derecho a Dios una parte en la creación. Si dividimos los pueblos en elegidos y réprobos, entregamos la sociedad a un poder arbitrario más temible que el destino antiguo. El ázoe, el oxígeno, el carbono, que separados matan, forman juntos el aire vital. No separéis tampoco las varias revelaciones de la verdad y del bien, porque todas juntas forman la atmósfera del humano espíritu. Los profetas no han escrito solamente en Judea, no han bebido solamente las aguas del Jordán y del Eufrates; han escrito en la India también, y han bebido las aguas del Gánges. A formar las ideas judías ha contribuido tanto el sacerdote egipcio como el mago de Babilonia y el dualista de Persia. La idea es como la savia, como la sangre, como la luz, como la electricidad, como los jugos de la tierra, como los gases de la atmósfera, como los fluidos del planeta. La idea no reconoce ni naciones, ni sectas, ni iglesias; pasa de la Pagoda a la Pirámide, y de la Pirámide a la Sinagoga, y de la Sinagoga a la Basílica, y de la Basílica a la Catedral, y de la Catedral a la Universidad, y de la Universidad al Parlamento, con la celeridad del rayo que truena, ilumina, quema y purifica. El cristianismo ha sido preparado lo mismo en las estancias de Isaías que en los diálogos de Platón. A la revelación universal ha llevado cada raza humana su contingente. El pueblo griego creía su vida completamente original, aparte de toda otra vida humana, sus dioses puramente nacionales y domésticos, y su casta Diana había tenido templos en el Asia Menor, y su Baco, que representa la exaltación, el delirio de la vida en el Universo, venía ebrio del néctar destilado por los bosques indios. Cuando el judío se aislaba al pié de sus altares y allí creía conservar su Dios alejado de todas las tentaciones paganas, iba Alejandro a perturbar aquel monólogo triste de un pueblo, y a llevar tras su carro de guerra las divinidades griegas, tocando el címbalo y la flauta frigia, despertadores de la alegría helénica en el seno de la triste, inmóvil y panteísta Asia. El mesianismo no era una esperanza hebraica, era una esperanza universal. La sibila de Cúmas lo concebía en su gruta, a las orillas del sensual Tirreno, en los mismos días en que Daniel contaba con los dedos las semanas de años que faltaban para su cumplimiento. Y en el Pausilipo, a la sombra de los altos olmos festoneados por las vides, a la vista de las ondas recamadas de espumas en que cantaban las sirenas griegas, entre las danzas báquicas, oyendo el caramillo del dios Pan y los coros de las vírgenes que trenzaban guirnaldas de flores sobre las aras humeantes de mirra, Virgilio anunciaba la redención universal casi al mismo tiempo que el Bautista la pedía, vestido de sayal, macerado por el cilicio, en el desolado seno del desierto. Atenas con sus artes, Roma con su derecho, Alejandría con su ciencia, han contribuido tanto a la revelación cristiana, como Jerusalén con su Dios. No olvidéis, no, estas verdades evidentes, confirmadas por toda la historia. No seáis como el judío que se encierra en las oraciones de su Biblia, y cree que después el género humano ni una sola verdad religiosa ha podido añadir a las ideas judaicas. El cristianismo, más humano y más divino al mismo tiempo, ha tomado toda la Biblia y le ha añadido el Evangelio. ¿Por qué nosotros no añadiremos al Evangelio el Renacimiento, la Filosofía, la Revolución, que ha llevado a la esfera social estas tres palabras cristianas: Libertad, Igualdad, Fraternidad? Leonardo de Vinci trazó Baco y trazó el Bautista en sus cuadros, que representan la primavera del espíritu moderno. Rafael encerró en las líneas de las diosas griegas el alma efusiva y santa de las Vírgenes cristianas. Miguel Ángel puso los dos coros de las sibilas y de los profetas en las bóvedas de la Sixtina. El espíritu humano es uno como el Universo, uno como Dios; y Dios, la naturaleza, el espíritu, son la eterna trinidad que ilumina las páginas de la historia. No nos separemos, ni del espíritu, ni de la naturaleza, ni de Dios.

Estas palabras, si no arrastraron, conmovieron a mi interlocutor. Yo mismo habíame exaltado extraordinariamente al calor de mis propias palabras. Así es que cogí la mano que el joven sacerdote me tendía, la apreté, y déjele entregado a sus pensamientos. La noche era serena, tranquila; brillaban las estrellas en el cielo y el fósforo en las aguas; un aliento primaveral refrescaba el ambiente y traía los ecos de la ciudad y del campo a los espacios celestes de la laguna, que convidaba a meditar sobre esta verdad evidente: como permanece inmóvil, serena, luminosa la naturaleza sobre las disputas y las discordias de los hombres.

Plaza, Basílica y Campanario de San Marcos

Plaza y Basílica de San Marcos

SAN MARCOS DE VENECIA

No conozco en el mundo salones comparables a la plaza y a la placeta de San Marcos. Cuando os colocáis al pié de la torre que sirve como de campanario a la Basílica, y que de la Basílica se encuentra aislada a guisa de monolito asiático, el marmóreo blanco palacio de Sansovino se ostenta a la derecha con sus bajos relieves y sus estatuas del Renacimiento; la casa de las Procuratías a la izquierda, con sus arcos y sus bóvedas que exhalan de todos sus contornos ideas de la Edad Media; el Alcázar ducal a vuestra frente levantado sobre una crestería gótica, tan ligera como las diademas que coronan nuestras catedrales; junto al gótico alcázar el oriental templo; y entre las dos inmensas columnas graníticas rematadas por el león de San Marcos y por la efigie de San Jorge, el Gran Canal se dilata como un brazo de mar azul, a cuyo término opuesto brilla, irguiéndose en admirable isla, una maravillosa iglesia de Paladio, toda blanca y rosa, toda recortada con una gracia inimitable, y concluida por torres y estatuas, cuyas puras líneas resaltan en el éter de los cielos y se dibujan claramente en el cristal de las aguas.

Bajo aquellos horizontes purísimos, al borde de aquellos mares celestes, entre tantas maravillas artísticas, sobre el pavimento de mármol, a la sombra del agudo campanario, apoyada la frente en la tribuna cincelada como una joya griega, ante los edificios de más colores y de más armonías y de más contrastes que hay en Europa, dejáis correr el tiempo y vagar el pensamiento sin poder desasiros de un éxtasis continuo. Los mercaderes de frutas confitadas gritan; los barítonos y tenores y músicos ambulantes alzan sus voces y suenan sus instrumentos varios; las palomas que anidan por todos aquellos relieves descienden a comer en las mesas de los cafés o en vuestras propias manos los granos de trigo y las migajas de bizcocho y de pan que les apercibe la benevolencia del público. La paloma aparece a los pies de esta ciudad de nácar, nacida entre las ondas, como a los pies de la diosa mitológica del amor, entre las ondas también nacida, cual su compañera y su símbolo. De apartados siglos proviene este amor que el veneciano tiene al más inocente de los animales, al que comparte con el cordero y la tórtola y la golondrina toda nuestra ternura, bien escasa en verdad para los seres inferiores perseguidos siempre por nuestra devastadora hambre y nuestro asolador egoísmo en las competencias y en los combates de la vida. Cierto día, Venecia, la protectora unas veces, la enemiga otras del Oriente, sitiaba esa isla de Creta, que para la Geología une submarinamente Grecia con Egipto, y para la Historia une en el tiempo las ideas orientales con las ideas occidentales; isla cuya posesión ha costado y ha de costar todavía mucha sangre, cuando los cautivos mandaron desde sus oscuras mazmorras a los campamentos venecianos esos mensajeros alados que dijeron el sitio por donde encontrarían los sitiadores más fácil brecha, y de consiguiente más segura victoria. Desde entonces la gran ciudad no ha olvidado a los pobres animalillos, y los anida en sus más bellos edificios, y los regala con sus caricias, y los alimenta de su público tesoro. Son de ver, cuando bajan de aquellos nidos de jaspe, de mármol, de mosaico, cual si en tantos colores hubieran matizado sus alas de tornasolados cambiantes, corriendo a vuestra mano sin ninguna inquietud y arrullando vuestro oído con su unísono cántico; los ojos serenos, las plumas erizadas, movidas las alas, en demanda del grano de trigo que la ciudad guarda para estos extraños hospicianos, acogidos por su caridad y conservados en su pública beneficencia. Entre crestas, botareles, pirámides, frisos, volutas, ojivas, arcos, todos inertes, esos alados seres juguetean como la imagen del movimiento y de la vida, mezclando la sombra de sus alas oscuras en los cielos con las sombras de las claras velas y de los gallardetes y banderolas que ondean sobre las naves del mar. Yo confieso que desde el sitio de París, se ha acrecentado mi antiguo cariño por esos inocentes animales. En aquella catástrofe sin igual, cuando riguroso sitio había aislado un millón de seres humanos del resto de la humanidad; bajo los horrores del bombardeo; entre las calamidades llovidas por el odio universal y por la guerra; sobre los montones de cadáveres en cuyas cimas aleteaban los cuervos dándose a sus siniestros festines y a sus más siniestros graznidos de hartazgo; entre tantas sombras de muerte, entre tantas ruinas humeantes, entre tantas cóleras y venganzas, atravesaba el único ser que se movía a compasión y que amaba con ternura, la pobre paloma, hija del aire y de la luz, viajera incansable, verdadera hermana de la caridad en la naturaleza, sencilla portadora de noticias, de esperanzas, de avisos, que unían a los mártires con el resto de su raza y les daban nuevas, más o menos tristes, pero nuevas al cabo, necesarias para el alma, de los continuos naufragios de la patria.

La primera vez que fuimos a Venecia, llevábamos la idea de visitar antes el palacio ducal que la basílica católica. Pero las inocentes avecillas nos distrajeron tanto de este propósito, que nos llevaron al atrio, y desde el atrio era imposible resistir a la tentación del ingreso. ¡Qué maravilloso monumento! No se parece en nada a ningún otro de la tierra: es original como esta ciudad, es autóctono como esta civilización; no entra en las clasificaciones del arte, como la historia veneciana no participa de las fases generales de la historia europea. Aquí no hay teocracia, aquí no hay feudalismo, aquí no hay monarquías con el encargo de fundar y unificar la patria; esto es un buque anclado entre las lagunas y el Adriático, lleno de banderolas, gallardetes, preseas, cintas y flores, donde unos marinos riquísimos, si queréis unos piratas sin rival, se dan a todas las exaltaciones de su mente, y después de haber viajado o combatido, tras una borrasca o un encuentro, tras una guerra o una tormenta, acarician con voluptuosidad el placer de vivir que se dilata en el choque de las copas y de los labios, en el sonido de los acordes y de los besos, en los goces del arte y del amor, entre aquellas mujeres bajo cuyas cabelleras rubias, dignas de las eslavas, centellean los ojos negros de las griegas, y bajo cuya piel de jazmín y rosa, digna de las flamencas, circula sangre de fuego y laten corazones africanos. Este edificio no es un edificio oriental, aunque por muchos aspectos lo parezca. Este edificio no es un edificio bizantino. Si lo creeríais al ver sus cúpulas, no lo creeríais al ver su disposición interior. Este edificio no es un edificio romano; le falta la forma de aquellas audiencias convertidas por los primeros cristianos en templos. Este edificio no es un edificio gótico. La ojiva no aparece por ninguna parte, y los arcos triangulares no dan al interior el misterio y el recogimiento propios de nuestras catedrales de la Edad Media. Este edificio no es un edificio del Renacimiento, pues carece de aquella serenidad de líneas, y de aquella grandeza de conjunto, y de aquella armonía de proporciones que resplandecerán siempre en la iglesia de San Pedro y en el Escorial de nuestra España. Es un edificio original, extraño; en una palabra, veneciano. Las columnas, traídas de regiones diversas, se aglomeran y se sobreponen de tal suerte que os creeríais en nuestra mezquita de Córdoba; si no por los alicatados y las estalactitas, por los espejismos que brillan en las paredes os imaginaríais en nuestra Alhambra de Granada; las tintas policromas extienden por doquier sus matices, a la manera que en los templos egipcios; sobre los arcos piafan los caballos cincelados en Grecia, como sobre los antiguos arcos romanos; entre los frisos se agarran las hojas rizadas del cardo y del acanto, cual en los adornos de Burgos o León; los santos rezan y leen sobre las repisas góticas y bajo los doseletes cincelados, repitiendo en parte las fachadas de Reims, de Estrasburgo y de Colonia; los animales fantásticos abren sus fauces y baten sus alas por igual manera que en las grecas del plateresco toledano y en los repujados de los joyeros florentinos; y a todas estas maravillas tan varias y tan diversas se une el cristal, la plata, el oro, los reflejos metálicos, los toques luminosos, los arreboles indecibles de los mosaicos, propios de esta privilegiada región, de los espléndidos mosaicos de Venecia.

Este extraño exterior es un poema por sí solo; un poema originalísimo y único en el mundo. Cinco arcos, en los cuales se abren cinco puertas, dan paso al interior. Por la parte exterior de estos semicírculos se extienden grecas de gran riqueza escultural, y por la parte interna mosaicos de deslumbrador aspecto. a cada uno de los puntos donde los arcos comienzan, lucen airosos doseles góticos ocupados por estatuas de pesadez bizantina. Entre las figuras casi vivientes, según lo animadas por la luz y el color que de los cuadros se destacan, resaltan bajos relieves antiguos asociando las imágenes de Hércules y de Ceres a la apoteosis del Cristianismo. Otros arcos de forma extraña, tirando al gótico, se sobreponen a los arcos de entrada, todos pintados de azul, en cuyos reflejos nadan estrellas de oro y concluidos por originales ornamentos como extraños animales y erguidas estatuas. La cuadriga que Nerón erigió en su propio loor, compuesta de aquellos caballos destinados a inmortalizar los que arrastraron su carroza por los juegos olímpicos y le dieron coronas superiores a su diadema de César, guardan la entrada del templo. Y en el cielo azul, extrañamente adornadas, remedando las rotondas bizantinas y hasta los cimborrios moscovitas, dibújanse aquellas cúpulas algo monstruosas e hinchadas que parecen elevarse por las costas del Adriático a la manera que una anticipada visión fantástica del genio extraño de Asia. No es posible decir el efecto pintoresco que producen todos aquellos dispares objetos; los santos bizantinos y los caballos helénicos; los ángeles que abren sus alas en el éter y los dioses que reposan en la armonía de sus líneas y la majestad de sus relieves; el pálido color de las cúpulas, semejantes a lunas cenicientas, y los resplandores mágicos de los mosaicos multicolores; las toscas figuras de pórfido traídas de Bizancio e incrustadas en uno de los extremos, y las airosas figuras de mármol cinceladas por el Renacimiento y lanzándose a lo infinito por otros extremos; el arco romano junto el doselete gótico; la pirámide egipcia confundida con la cinceladura plateresca; las volutas jonias y las hojas corintias mezcladas con los adornos moscovitas; toda aquella confusión que severo análisis apenas puede comprender, distinguir, separar, y que, sin embargo, se pierde en una síntesis de maravillosas e indescriptibles armonías.

Los maestros y los historiadores de la Arquitectura os previenen de consuno contra la admiración que pudiera causaros el monumento. "Mirad, os dicen unos, las reglas de proporción destruidas, las leyes de la simetría olvidadas, la misma estática caída en bárbaro menosprecio, columnas gruesas sobrepuestas a frágiles columnas, frisos empotrados en la pared y chapiteles desceñidos de su fusta, como si en vez de una iglesia expresiva del pensamiento religioso, fuera este edificio una galería fantástica de objetos abandonados sin plan previo y sin fin alguno."

"Mirad, os dicen otros; San Marcos no admite clasificación, no tiene sistema. Colocarla entre los edificios bizantinos equivale a desconocer los caracteres capitales distintivos de los diversos géneros de arquitectura. El rito latino y sus exigencias se compaginaban mal con las exigencias del rito griego. Como era opuesta la liturgia, era también opuesta la arquitectura. Si las columnas de San Marcos se interrumpen por moles cuadradas de ladrillo, no significa esta interrupción la necesidad de parajes sagrados que al culto se consagren, sino la necesidad de fuertes apoyos que mantengan la inmensa pesadumbre de las cúpulas. Si éstas tienen carácter bizantino y remedan la antigua iglesia matriz de Constantinopla, hay que notar cómo su cubierta externa excede a su interna composición, a su íntima estructura. Puede, a la verdad, esta construcción compararse a la peluca que oculta una cabeza, al cabello postizo que aumenta el grandor o la abundancia de un peinado. Semejante arquitectura se llama bizantina sin que provenga de Bizancio, como otra arquitectura posterior se llama gótica sin que provenga de los godos. Así como la ojiva es oriental y no gótica, San Marcos es románico y no bizantino. La misma cúpula, si en lo externo se parece a Santa Sofía de Constantinopla, en lo interno se parece a las cúpulas romanas copiadas por Gala Placidia en Ravena, como un lejano reflejo del Panteón nunca perdido en la admiración de los italianos hasta el día creador en que Miguel Ángel lo coge en las potentes alas de su genio y lo eleva a las inaccesibles alturas para coronar y rematar la Basílica de San Pedro." Así es que, al cabo de algunas reflexiones, querrán moveros por este minucioso análisis de los defectos, por estas sorpresas de los contrastes, no a un movimiento de admiración, sino a un movimiento de burla y hasta a un estallido de risa.

Yo seré profano a las artes, pero no me canso de admirar esta iglesia. Su riqueza excesiva nada tiene que ver con la excesiva hinchazón de las decadencias. Circula por todos sus poros esa savia que dan a los monumentos las ideas vivas y las inspiraciones encendidas en la verdadera luz del espíritu. Lo dispar de los objetos allí amontonados no daña a la unidad del todo, que se alza sobre tantas contradicciones. Tiene algo del poema de la Edad Media; el exceso es natural como los excesos de la juventud, no afectado y contrahecho como los excesos de la vejez y de la decadencia. Si prescindís de ciertos contrastes demasiado bruscos, de cierto claro-oscuro demasiado fuerte, de cierta extravagancia demasiado singular, os acaricia la fantasía todo su conjunto, como os acaricia la vista aquella serie de colores armonizados en matices de una dulzura indecible. No se ve aquí el desprecio a toda ley de gradación con que el semita coloca arbitrariamente las fustas traídas de diversos parajes en aquella selva de columnas llamada la Catedral de Córdoba. Están las proporciones más medidas, las simetrías más guardadas, la gradación más conocida; como que jamás abandona al carácter y al genio italiano la clave de su grandeza; la dulcísimo armonía. Y luego, diréis cuanto queráis de esa arquitectura; pero es el fondo más bello que puede imaginarse y más apropiado a la sociedad veneciana. Este es el teatro verdadero de Venecia y de sus gentes. Cuando sus mosaicos brillan a los ardientes rayos del sol; cuando sus columnas de pórfido y de jaspe mezclan los tonos dulces al metal entre verdoso y áureo de los caballos; cuando los cristales reverberan la luz, y los santos toman a una en los cambiantes y arreboles de los celajes deslumbradores aureolas; en esta orgía de colores, las figuras que os han dejado el Ticiano y el Veronés y el Tintoretto; los personajes de aquellas épocas, vivos todavía en los cuadros y en los mosaicos, aparecen con toda verdad, realmente, como de relieve; el Dux vestido de tisú, con su manto de púrpura y armiño a la espalda y el gorro frigio en la cabeza; los senadores con sus túnicas negras y rojas formando mágicos contrastes; las damas henchidas de placer, escotadas para mostrar sus turgentes senos y espaldas, con los cabellos sembrados de chispas de brillantes y los ojos encendidos de chispas de amor, arrastrando aquellos trajes de brocados varios que crujen rozagantes sobre el suelo de mármol; los caballeros con sus ropillas de terciopelo y de damasco; sus collares de oro, su plumaje de varios matices cayendo desde las gorras donde están prendidos con broches de pedrería sobre los hombros adornados con lujosas bandas; los ancianos envueltos en aquellas largas túnicas que les dan el aspecto de sacerdotes orientales; los alabarderos con sus uniformes abigarrados; los pajes con sus dalmáticas dignas del Asia; los esclavos y los bufones llevando en las manos los papagayos de la India y a los pies los monos del África; los coros de cantores y las compañías de músicos uniformados fantásticamente y a capricho como las comparsas de un carnaval perpetuo; los gondoleros de pié, con su remo en la mano, ostentando trajes de rayas diversas semejantes a los matices del iris y resaltando sobre el negro betún de las góndolas; las muchedumbres de marineros con sus nervudas formas y sus pintorescas camisas y pantalones celestes; la multitud de gentes, todas ricas, todas alegres, todas satisfechas, como si en vez de ser aquello una sociedad fuese un continuo teatro. Miradlos, son los mismos que huyeron a las irrupciones bárbaras y que guardaron pura su noble sangre latina; los mismos que, apartándose de las maceraciones y penitencias, se entregaron a la febril actividad de la navegación y del trabajo; los mismos que supieron fundar una república rica y feliz en medio de una sociedad férrea y feudal; los adivinadores del Asia cuatro o cinco siglos antes que sus rivales los portugueses; los protectores del Imperio bizantino, cuando ya se cuarteaba sobre sus cimientos, suspendido a maravilla de la autoridad y de la gloria venecianas; los que llevaron en su cortejo como un coro de dioses las islas del Archipiélago Helénico; los que esclarecieron con la luz del Oriente la noche de la Edad Media; los que salvaron de su total ruina la inspiración y la forma de la clásica antigüedad; los iniciadores del Renacimiento; los compañeros de los grandes artistas; los héroes de los mares; los soldados de Creta y de Lepanto.

Con sólo entrar en el peristilo o atrio del templo, descubrís el espíritu emprendedor y hazañoso de los venecianos. a los pocos pasos de allí, la piedra célebre traída de Grecia, obra del siglo sexto, sobre la cual se proclamaban las leyes de la República; en las paredes, los mosaicos debidos a los maestros mosaistas de Constantinopla o a los maestros mosaistas de Ravena, todos llevados allí con grandes dispendios por el próvido Senado; en el circo central de entrada, los chapiteles de columnas que recuerdan el templo de Salomón; en el arco derecho, a las puertas de bronce incrustadas en plata que en otro tiempo sirvieron a Santa Sofía de Constantinopla; por todas partes fragmentos de escultura o arquitectura arrancados a Grecia, a Siria, al Egipto, es decir, los despojos de largas correrías, los trofeos de épicas batallas, los testimonios de aquella dominación sobre el Mediterráneo, que dio a la diosa Venecia, en el concepto de sus hijos, el anillo con que se desposó y el tridente con que dominó a los mares. Entrad, entrad en ese templo y difícilmente encontraréis otro alguno que exprese mejor el pensamiento religioso. No es en verdad su aspecto el aspecto sombrío y sublime de nuestras catedrales góticas henchidas por un catolicismo batallador e intolerante que se complace en las sombras y en el misterio. Aunque el fondo de todo el dogma es idéntico, la expresión es diversa. En estas islas, entre estas lagunas, a la luz reverberada en las aguas, al aire cariñoso que baja de los Alpes, no cabe la ceñuda intolerancia de nuestro dogma ni la sublime aspereza de nuestro culto. Venecia ha oído la sirena que el agua bendita no ha logrado expulsar todavía de las ondas adriáticas; ha visto Atenas, donde el cristianismo se ha coronado con las aureolas de las ideas platónicas; ha saludado en Constantinopla y Alejandría las ciudades que dieron a la nueva fe la antigua idea del Verbo; se ha hundido en el Oriente y allí ha tomado esa luz deslumbradora que tanto se asemeja a la luz despedida por las místicas efusiones y por los religiosos arrobamientos del alma.

Y cuando veis este templo todo de oro, esta luz resplandeciente y mística al mismo tiempo, estos sacerdotes con sus casullas recargadas de adorno a guisa de obispos armenios, estos patriarcas que llevan el nombre y tienen el aire de las grandes dignidades orientales, creéis hallaros en otra zona del cristianismo, cerca de la cuna del sol y de la cuna también de todo ideal religioso. Nosotros confinamos con el desierto monoteísta, con las tribus semíticas, con la tierra de la teología intolerante, con el África estéril que sólo ha dado aquellos profetas en armas, descendidos a renovar con la predicación y la cimitarra un dogma de gran profundidad, pero de variedad escasa, mientras que Venecia confina con el territorio griego, con el coro de las islas helénicas, con el mar cuyas fosforescencias llevan como disueltas innumerables y diversas estelas de purísimas ideas. Su apóstol no debiera ser San Marcos; su apóstol debiera ser San Juan, cuyo Evangelio, el más combatido por la crítica moderna, el más puesto en duda por la sabiduría de los comentadores germánicos, también es el más oriental, el más alejandrino, aquel en que se siente el aire de la Academia mezclado con el perfume de acre gnosticismo, y que ha hecho de la religión cristiana una síntesis platónica, y que ha convertido a Cristo en el Verbo creador y mantenedor del Universo; Evangelio helénico y oriental, digno de ser comentado por Plotino y leído por Hipatia a aquellos sectarios deseosos de armonizar su nueva fe de cristianos con el antiguo espíritu de Grecia y con la inagotable inspiración teológica del religioso Oriente.

Lo cierto es que el color, el matiz, la difusión y la variedad de la vida, resaltan por todas partes en el interior de este templo magnífico. El pavimento, que tiene cierto lustre y cierta humedad, como la cubierta de un buque, se halla compuesto de piedras duras matizadas por colores diversos y reflejos dulcísimos; el suelo se ha rebajado en unos puntos y ha crecido y levantádose en otros como si lo combatiera y lo trasformara la tormenta, obligándole a tomar la ondulación de las encrespadas olas; el arco triunfal de la entrada, arco enteramente romano, despide de sus largas líneas, como otras tantas visiones proféticas, las fantásticas figuras del Apocalipsis; a la derecha, enorme pila de pórfido se eleva sobre perfecto altar pagano de la antigua Grecia; a la izquierda, riquísimo retablo, cuyos mármoles tan varios y tan brillantes semejan a combinaciones y guirnaldas de pedrería; sobre este altar un paraíso de Tintoretto, cubriendo altísima pared, deslumbrador por sus colores, y en el cual creeríais ver todos los venecianos elevados a las cimas de la bienaventuranza; en el crucero, el coro, al cual abre paso una portada de jaspe sanguíneo compuesta de ocho columnas, sobre cuyos arquitrabes se elevan catorce estatuas del más puro Renacimiento; en el altar mayor la pala de oro, preciosa, inmensa joya de Constantinopla, toda cuajada de diamantes, toda cubierta de riquísimos esmaltes y preservada por una tabla que han pintado artistas venecianos educados en el Oriente europeo; detrás del altar mayor, las columnas salomónicas de alabastro atribuidas por la tradición al templo de Jerusalén, y trasparentes como si fueran de cristal de roca iluminado por el rayo plateado de la luna llena; al lado derecho del altar, la puerta plateresca esculpida y cincelada por Sansovino, con una perfección digna de Cellini, y a la izquierda la puerta árabe conduciendo al tesoro y que diríais arrancada a Damasco o a Granada; por todas partes, frisando con el pavimento y subiendo hasta el punto céntrico de las cinco cúpulas, como un inmenso tapizado de tisú de oro, los mosaicos de áureos cristales, allí colocados desde los primitivos a los últimos tiempos de la Basílica, maravillosa serie de la historia del arte, donde han puesto sus manos, así los primeros pintores cuyas espantadas figuras parecen oír el llamamiento del Juicio Final, como los últimos que presentan la vida veneciana en una continua orgía, siendo de reflejos tan varios y de colores tan vivos que los creeríais un éter no soñado, la luz desprendida de uno de esos soles en cuya comparación el nuestro es una pavesa, donde veis nadar, agitando liras, ramos, palmas, los santos, los ángeles, los querubines, los mártires, las vírgenes, todos vestidos de colores indecibles, todos vivificados por ideas religiosas, todos exhalando un *Te Deum* inefable, cuyos ecos llegan hasta nuestros oídos de carne, pero cuyas magistrales cadencias se pierden, como las plegarias de los fieles, como las espirales del incienso, como las melodías del órgano, como el aleteo de las almas, en el espacio de los cielos y en el seno del Eterno.

Yo no conozco en el mundo cosa alguna comparable a esta basílica de cristal esmaltada por tan maravillosa manera. Cuando las sombras se espesan en el pavimento y la luz se rompe en las altas bóvedas por los rayos últimos de sol que atraviesan las ventanas de las rotondas, creéis ver desde un planeta oscuro el cielo resplandeciente de ideas increadas y poblado de ángeles que llevan sobre sus alas de rosa vírgenes y santas purísimas coronadas por místicas aureolas apenas perceptibles a la vista y semejantes al resplandor en que se abrasa un alma enamorada de lo divino y de lo eterno. ¡Qué multitud de figuras! Las hay de diversas épocas y de diferentes y aun contrarios autores. Unas son litúrgicas hasta la rigidez, y otras mundanas hasta el sensualismo; unas representan los tiempos místicos y otras los tiempos paganos; han nacido éstas cuando el hombre, apartado de la naturaleza, no se atrevía a mirar su propio cuerpo, obra maestra del pecado, y han nacido aquéllas cuando todos los velos han caído, cuando toda la antigua inocencia se ha disipado, cuando el pincel y el buril han hecho con sus castas desnudeces volver rehabilitada, como si aun estuviera en el Paraíso, la Eva corruptora de nuestra sangre: esta efigie, que sobre la gran puerta se descubre en actitud de penitencia y con expresión de dolor, proviene del siglo undécimo, que todavía no ha olvidado los terrores del año mil y que todavía no ha sacudido la sombra de la primera culpa, mientras que la otra, no distante, iluminada por la misma luz, contenida en el mismo espacio, quizá ha sido dibujada por Ticiano, el artista de los sentidos y de la forma, el rehabilitador de la carne, el hijo predilecto de la naturaleza, el mago de los colores; y sin embargo, puestas todas en este templo, desde las que lloran hasta las que ríen, desde las que rezan hasta las que cantan, desde las que sienten el desfallecimiento en su materia casi disipada hasta las que sienten la borrachera de exuberante vida; desde las tristemente ascéticas hasta las groseramente voluptuosas, como han oído tantas oraciones y han respirado tanto incienso, parecen por igual envueltas en el idealismo religioso, como si las unas estuvieran ya en el cielo de los éxtasis y las otras se levantaran desde la vida del sentido a la vida del alma. La variedad de tonos y reflejos da a esta basílica un aspecto fantástico. Sobre el luminoso cristal, sobre el fondo de oro puro, los colores y sus matices resaltan fuertemente y avivan las líneas del monumento, que parece amasado en la materia incandescente de los soles, así como los contornos de las figuras que parecen desprendidas de su centro y próximas a volar por los espacios. Más que objetos reales, semejan estos cuadros mágicos espejismos tendidos en las paredes por una imaginación oriental; más que reverberaciones y matices de la luz natural, parecen las perlas y las esmeraldas de esas túnicas, los rayos de esas aureolas y las plumas de esas alas reflejos de un sol increado, como la idea que vaga en la mente del Eterno y que es el ideal y el arquetipo de todo el Universo. En esas gradaciones del oro, que tiene desde toques cobrizos hasta toques etéreos, veis mezclarse la púrpura al ópalo, el esmeralda al rosa, la chispa diamantina semejante a una lluvia de luceros, con el matiz violeta semejante a una nube diáfana, como en esas puestas del sol inenarrables que esmaltan el ocaso de nuestros cielos meridionales, o como en esos bosques de la India, a las orillas del plateado Gánges, en que las fosforescencias del suelo y los relámpagos del aire, los insectos luminosos levantados de la lujuriosa vegetación, y las estrellas y los aerolitos del cielo componen como una súbita fantástica florescencia de mundos animados por el fuego de indecible amor.

Yo, al contemplar todas estas figuras, no pude menos de preguntarme a mí mismo y preguntarles a ellas si eran seres fantásticos, hijos de calenturientas imaginaciones, reflejos de deseos nunca satisfechos, sombras de la mente acalorada, o símbolos o imágenes de ideas vivas que tendrán realidad en este o en otro mundo mejor. Yo no puedo creer, no creeré nunca, que la humanidad, eminentemente religiosa, haya orado al vacío, pedido consuelos a la nada, alargado sus brazos en este diluvio de lágrimas que inunda los planetas al abismo sin fondo de un no ser absoluto. Y no creo, no puedo creer, que los conceptos metafísicos sean menos en el Universo que los fuegos fatuos de un cementerio o los vapores indecisos de un lago. Yo no creo, yo no puedo creer que lo infinito, lo eterno, lo perfecto, lo absoluto, lo ideal, sean como juegos de la fantasía, como entelequias sin posibilidad alguna, como aromas exhalados de nuestra mente para perderse y disiparse en las nieblas eternas de una eterna muerte. Los filósofos que han evocado la luz del pensamiento divino allá donde rayó la luz del sol en su oriente; los sacerdotes que han concebido en el templo inmenso del desierto la idea viva de la unidad de Dios; los reveladores que a la sombra del Hibla y del Himeto, a las orillas del Pireo, bajo los plátanos de la Academia, entre los bajos relieves de Atenas han escrito los divinos diálogos sobre el ideal; las tiernas mujeres que, desnudo el seno y flotante el cabello, perfumadas con los aromas de la Siria y ceñidas con las flores de Delfos y de Colonna, han recorrido las riberas del mar de la Grecia, clamando por la muerte de Adonis y pidiendo su resurrección; los discípulos que han llorado al pie de una cruz erigida en la cumbre del Calvario; los mártires que han muerto en las arenas del circo; los grandes pensadores que han empapado en el éter divino la conciencia; todos han sido soñadores, sicofantas, magos, hechiceros, capaces de dar los efluvios de sus nervios descompuestos, los caprichos de sus inteligencias ebrias, los sentimientos de sus corazones desgarrados por el dolor, las nubes levantadas de sus tristezas y de sus nostalgias, como el supremo bien y la verdad suprema. Esos templos que se levantan por los bosques y por los desiertos, a las orillas de los mares, en los altos promontorios, como faros del espíritu, donde quiera que el hombre ha sentido la hermosura de la naturaleza, no serian otra cosa más que huesos mondados, hogares extintos, ruinas eternas, montones de piedra cubiertos de hiedra, donde pueden sólo habitar los lagartos y donde jamás hubo el fuego de una idea. Este Universo nuestro, ¿no será más que materia y fuerza? Este Dios nuestro, ¿no será más que un inmenso abismo, vacío y oscuro como la nada? Este pensamiento nuestro, ¿no será más que la estela producida por el choque de una sensación y en otro choque disipada? El ideal, ¿es el sueño de los sueños, el delirio de los delirios, el ataque nervioso de un iluminado o de un loco?

No puedo creerlo, no lo creo. El hombre no es naturalmente ni judío, ni católico, ni pagano, ni musulmán; pero es naturalmente religioso. A la idea de lo infinito, que acaricia su mente, corresponde la realidad de lo infinito en el Universo. El arte no es mentira, la inspiración no es mentira, el amor no es mentira; pues lo absoluto no puede ser mentira tampoco. Aquí está la realidad de lo infinito. La Arquitectura es como el espacio, como el planeta, como el mundo externo antes de ser habitado por el espíritu, el continente de las inspiraciones. Este mundo necesita habitantes, y surge como una vegetación ideal la gama misteriosa de colores que forma la aurora de las ideas. Pero no basta, y surgen, como los organismos en el planeta, las estatuas maravillosas sobre sus pedestales, los ángeles y los santos y las vírgenes en sus áureos mosaicos. Y no basta, porque el espíritu aspira a más, y entonces el órgano llena de melodías celestes todo este Universo. Y no basta, y viene la idea pura, la poesía, el alma de las almas, a completar las inspiraciones del arte y a unir lo finito con lo infinito. El error de los errores consiste en que cada secta, cada religión, cada filosofía, cada sistema se cree todo el ideal. No; el ideal completo está en la mente de toda la humanidad y se realizará en el seno de Dios.

Palacio Ducal y Columna de San Marcos
en la Riva degli Schiavoni

Puente sobre el río degli Ognissanti

Peter Burke *¿Por qué Venecia?*

Guy de Maupassant *Sicilia*

Victor Hugo *De Bruselas a Brujas*

Georg Simmel *Filosofía del paisaje*

Juan Andrés *Nápoles*

Walter Benjamin *París*

Serguei Eisenstein *¡Que viva México!*

Georg Simmel *Roma, Florencia, Venecia*

Rubén Darío *Roma*

John Ruskin *Imitación y verdad*

Fernando Pessoa *Lisboa*

Alexander von Humboldt *México*

Stendhal *Milán*

Bernardo de Dominici *Vida de Ribera, el Españoleto*

F.T. Marinetti *España veloz y toro futurista*

Mark Twain *Roma y Nápoles*

Henry James *Florencia*

Dario de Regoyos *España negra*

Carmen de Burgos *Nápoles*

Renato Barilli *Los prerrafaelitas*

Edgar Allan Poe *Filosofía del mueble*

Goethe *Nápoles*

Auguste Rodin *Chartres*

www.casimirolibros.es